Thomas Eholzer

Einleitungen zum Rosenkranz

Thomas Eholzer

Einleitungen zum Rosenkranz

Themen und Gebetsmeinungen

Fromm Verlag

Imprint

Cover image: www.ingimage.com

Publisher:
Fromm Verlag
is a trademark of
International Book Market Service Ltd., member of OmniScriptum Publishing Group
17 Meldrum Street, Beau Bassin 71504, Mauritius

Printed at: see last page
ISBN: 978-613-8-35649-3

Einleitungen zum Rosenkranz

Themen und Anlässen

Aus dem Vorbeterbuch,

Werkbuch für die Gottesdienstgestaltung

zum Kölner Gebetbuch, Köln 1961,

von Theodor **Schnitzler**,

bearbeitet von Karl-Günter **Peusquens**,

neu herausgegeben und bearbeitet

von Thomas **Eholzer**

Inhaltsverzeichnis

Hinweis zum Gebrauch

Zu den Rosenkranz-Andachten gibt es
einleitende Gedanken, die helfen wollen,
das zu betrachten,
was Gott großes getan hat,
um uns Menschen zu erlösen.

Außerdem soll ausgesprochen werden, für wen und in welchen Anliegen, gebetet werden soll.

Diese einleitenden Gedanken werden
vor den Gebetsabschnitten vorgetragen.

1. Rosenkranzandacht

Um den Frieden

mit den freudenreichen Geheimnissen.

1. Gesetz - Einleitung: Wir gehen nach Nazareth, hören die Botschaft des Engels vom nahenden Friedenskönig, lauschen auf Mariens Hingabe an das Friedenswerk der Erlösung und erflehen die Früchte jener Friedenstunde.

2. Gesetz - Einleitung: Wir gehen mit Maria über das Gebirge und werden Zeugen, wie sie die frohe Botschaft des Erlösungsfriedens zu Elisabeth trägt. Wir bitten, sie möge auch heute wieder in die Welt den Frieden tragen der Christus ist.

3. Gesetz - Einleitung: „Friede den Menschen auf Erden, die guten Willens sind." So klinkt die Frohbotschaft bei der Geburt des Herrn. Wir bitten, dass der gute Wille zum Friedenin allen Herzen erweckt werde, besonders bei den Regierenden dieser Welt.

4. Gesetz - Einleitung: Wir gehen mit Maria den Opfergang zum Tempel, hören auf den Lobgesang des greisen Simeon und beten, dass Christus das Licht des Friedensstrahlen lasse, er, der zur Erleuchtung der Völker kam.

5. Gesetz - Einleitung: Wir gehen mit Maria und Joseph in den Tempel, um Christus zu suchen. Wir beten, dass die Völker Christus wiederfinden mögen, um in ihm den Frieden zu erlangen.

2. Rosenkranzandacht

zum Thema Engel / Schutzengel -

mit Gesetzen, die vom Wirken der Engel berichten.

1. Gesetz: den du o, Jungfrau, vom Heiligen Geist empfangen hast.

Einleitung: Die Engel sind Boten im Dienste Gottes. Gabriel bringt die wichtigste Botschaft der Heilgeschichte zu Maria: Der Erlöser wird kommen! Gott sende seine Engel, um sein Wort und seinen Willen kundzutun.

2. Gesetz: den du, o Jungfrau, geboren hast.

Einleitung: Wieder treten Engel als Boten auf, um den Hirten die frohe Botschaft von der Geburt Christi zu bringen. Die Menge der himmlischen Scharen jubelt das Lob Gottes in die Welt hinaus. Die Engel sind berufen zum Lob Gottes; auch wir sollen einstimmen in ihren Chor.

3. Gesetz: der für uns Blut geschwitzt hat.

Einleitung: Als Jesus sich in Gethsemane dem Willen des Vaters hingab, erschien ein Engel und stärkte ihn. Jedem von uns hat Gott einen Engel bestimmt, der uns beschützt und beisteht in aller Not, der uns stärkt im Kampf gegen die abgefallenen Engel, der uns bewahren will vor Ungehorsam gegen Gott.

4. Gesetz: der von den Toten aufgefahren ist.

Einleitung: Ein Engel erschien vom Himmel und wälzte die Grabplatte weg. Sein Aussehen war wie der Blitz und sein Gewand weiß wie Schnee. Aus Furcht vor ihm waren Wächter wie tot. Der Engel kündet den Frauen: Fürchtet euch nicht! Christus ist auferstanden! Mächtige Geister sind die Engel: dem zum Schrecken, der Gottes Wort nicht annimmt, dem zur Freude, der glaubt.

5. Gesetz: der in den Himmel aufgefahren ist.

Einleitung: Der Herr ist von ihnen gegangen, die

Apostel stehen da traurig, bestürzt, ratlos und mutlos, und schauen der Wolke nach, die ihn ihren Blicken entzog. Da ergeht das tröstende Wort des Engels an sie: Er ist nicht für immer von euch gegangen, er wird wiederkommen.

3. Rosenkranandacht

für die Mission

mit den glorreichen Geheimnissen

Einleitung: Pius XI. hat die hl. Theresia vom Kind Jesu zur zweiten Patronin der Weltmission erhoben, weil sie ihr Gebet und Opfer Gott anbot für die Ausbreitung des Glaubens.

1. Gesetz - Einleitung: „Wie mich der Vater gesandt hat, so sende ich euch", so sprach der Auferstandene zu seinen Aposteln. Zeugen seiner Auferstehung sollten sie sein, wenn sie den Völkern die frohe Botschaft brachten.

2. Gesetz - Einleitung: „Gehet hin in alle Welt und predigt die Heilsbotschaft alles Geschöpfen." Nach diesem Auftrag segnete der Herr seine Jünger und fuhr in den Himmel auf. Sie aber zogen aus und predigten überall, und der Herr bekräftigte ihr Wort durch

Wunder. Wir bitten, dass Gott Männer und Frauen beruft und aussendet, den Heiden die frohe Botschaft zu bringen.

3. Gesetz - Einleitung: „Der Beistand, der Heilige Geist, den der Vater in meinem Namen senden wird, der wird euch alles lehren und euch an alles erinnern, was ich euch gesagt habe." Wir bitten dass der Heilige Geist die Missionare erleuchte und ihnen Kraft verleihe zu ihrer Sendung.

4. Gesetz - Einleitung: Maria hat durch ihr dienendes „Ja" der Welt den Erlöser geschenkt. Darum wird sie ausgezeichnet vor allen und in die Herrlichkeit ihres Sohnes erhoben. Darum möge sie nun dort droben für die Heiden eintreten, dass sie den Heimweg zum wahren Gott und die Aufnahme in das Himmelreich des Glaubens finden.

5. Gesetz - Einleitung: „Selig der Mensch, der in der Versuchung standhält. Bewährter sich, so wird er die Krone des Lebens empfangen.“ Wir beten zur Himmelskönigin um den rechten Glauben und die rechte Liebe für uns und Die Heidenvölker damit alle die Krone des ewigen Lebens empfangen.

4. Rosenkranzandacht

um Priester- und Ordensberufe

mit schmerzhaften Geheimnissen

1. Gesetz - Einleitung: Wir gehen mit dem Herrn und seinen Aposteln auf den Ölberg Wir hören wie er sie bittet, mit ihm zu wachen und zu beten. Wir flehen, dass er unserer Zeit Apostel sende, die mit ihm wachen und beten.

2. Gesetz - Einleitung: Wir schauen den reinen Leib des Herrn an der Geißelsäule, wir hören die grausamen Schläge, die ihn treffen. Wir bitten, dass er uns reine Menschen sende, die ihr Fleisch und seine Begierden kreuzigen, um so mitzuhelfen beim Erlösungswerk.

3. Gesetz - Einleitung: Wir schauen auf das dornengekrönte Königshaupt; wir hören Spott und Hohnseiner Henker. Wir beten, dass Christus furchtlose junge

Menschen sende, die bereit sind den Ruf Gottes willig aufzunehmen und für sein Reich zu kämpfen.

4. Gesetz - Einleitung: Wir schauen auf den Kreuztragenden Herrn und sehen bei ihm den treuen Helfer: Simon von Cyrene. Wir flehen, dass der Herr stake Helfer berufe, die mit seiner Kraft die Bürde des heiligen Amtes zu tragen.

5. Gesetz - Einleitung: Wir schauen die ans Kreuz genagelten Hände und Füße Christi Wir hören die letzen Worte seiner Liebe. Wir bitten, dass die mit dem Priester- oder Ordensberuf Begnadeten nichts anders suchen, als mit Christus Opfer der Liebe zu sein.

5. Rosenkranzandacht

für die Schule / für die Kinder und Jugendlichen
mit den glorreichen Geheimnissen

1. Gesetz - Einleitung: Der von den Toten auferstanden ist, hat auch uns vom Tod der Sünde auferweckt durch die Gnade der Taufe. Heilige Maria, Mutter Gottes, bitte für unsere Schulen, dass diese die Kinder und Jugendlichen in der Taufgnade stärken und erhalten.

2. Gesetz - Einleitung: Der in den Himmel aufgefahren ist, lässt uns suchen, was droben ist, wo er zur Rechten Gottes thront. Heilige Maria, Mutter Gottes, bitte für unsere Schulen dass sie die Kinder und Jugendlichen zu höheren Zielen ausrichtet.

3. Gesetz - Einleitung: Der uns den Heiligen Geist gesandt hat, lässt nicht ab, uns mit seinem Lichte zu erleuchten. Heilige Maria, Mutter Gottes, bitte für unsere Schulen und lass den Geist des Glaubens und der Disziplin und der Liebe sie durchdringen.

4. Gesetz - Einleitung: der dich, o Jungfrau, in den Himmel aufgenommen hat, hat uns in dir eine Mutter und ein Vorbild gegeben. Heilige Maria, Mutter Gottes, bitte für unsere Schulen, dass sie ein Hort der Reinheit und Wahrheit seien.

5. Gesetz - Einleitung: Der dich, o Jungfrau, im Himmel gekrönt hat, hat dich zur Königin der Apostel erhoben. Heilige Maria Mutter Gottes, bitte für unsere Schulen, dass die Lehrenden Apostel Christi seien.

6. Rosenkranzandacht

um die Bereitschaft, auf Gottes Anruf zu hören

mit den freudenreichen Geheimnissen

Einleitung: Der hl. Bruno zog sich auf Gottes Ruf aus der lauten Welt zurück, um in der Stiile und Einsamkeit ein Leben der ungeteilten Hingabe an Gott zu führen. Er wurde der Gründer des Kartäuserordens.

1. Gesetz - Einleitung: Maria betet in der Stille ihres Kämmerleins Dort bringt der Engel ihr Gottes Gruß und Botschaft. Wenn wir Gottes Stimme hören wollen, müssen wir still werden. Gott spricht nur zu uns, wenn wir bereit sind zu hören. Wir bitten um Kraft, nicht im lauten Getriebe.

2. Gesetz - Einleitung: Maria hat Gottes Wort empfangen. Voll Freude eilt sie zu Elisabeth, um ihr die Botschaft mitzuteilen. Möge Gott uns mit seinem Ruf die Gnaden geben, dass wir seine frohe Botschaft auch andere künden können.

3. Gesetz - Einleitung: Maria hat ihr Jawort gesprochen uns sich ganz in den Dienst Gottes gestellt. Gott lohnt ihre Bereitschaft: sie wird Mutter seines Sohnes. Wir bitten um die Gnade zu solcher Bereitschaft für den Dienst Gottes.

4. Gesetz - Einleitung: Maria gibt ihren Sohn wieder zurück in die Hand Gottes, da sie ihn im Tempel aufopfert. Gottes Ruf fordert viel von uns, manchmal das Liebste, das wir auf Erden besitzen. Wir bitten, dass wir immer stark genug sind, Opfer zu bringen wenn Gott sie fordert, auch wenn wir sie nicht immer verstehen.

5. Gesetz - Einleitung: Gott fordert Opfer von uns, wenn wir seinen Ruf ganz folgen. Aber alles, was wir hingeben, schenkt er uns in neuer Weise wieder. Jedes

Opfer, jeder Schmerz, jede Not ist gesegnet von Gott und macht uns reicher und freier für ihn.

7. Rosenkranzandacht

zur Königin des hl. Rosenkranzes.

mit den glorreichen Geheimnissen

1. Gesetz - Einleitung: Der Auferstandene im Glanze seiner Herrlichkeit macht seinen ersten Gang zu Maria, der Mutter, und in das Herz derer, die glaubte, als alles anderen verzweifelten, strömt die Fülle des Osterfriedens. O Mutter, vergiss auch unser nicht, gib uns den Osterfrieden.

2. Gesetz - Einleitung: Maria schaut mit den Aposteln dem Herrn nach, der glorreich zum Himmel emporschwebt, und ihr Herz, ihr Sinnen und Trachten, geht mit ihm. O Mutter lass auch uns mit Christus verbunden bleiben und in ihm den Frieden finden.

3. Gesetz: - Einleitung: Maria weilt in der Mitte der Apostel, als der Heilige Geist herabkommt, sie hat mit ihnen um sein kommen gebetet. O Mutter, erflehe auch uns den Geist der Liebe und des Friedens.

4. Gesetz - Einleitung: Maria wird von Engeln empor getragen in den Himmel; sie soll uns friedlose Menschen Mutter sein und uns den Himmelsfrieden vermitteln. O Mutter, breit deine Mantel aus.

5. Gesetz - Einleitung: Maria wird von ihrem Sohne mit der Krone der Glorie geschmückt, und als schönster Edelstein leuchte aus dieser Krone die Würde „Königin des Friedens". O Mutter, Königin des Friedens, versöhne uns mit deinem Sohne, versöhne alles was entzweit.

8. Rosenkranzandacht

für die Diaspora

mit den schmerzhaften Geheimnissen

1. Gesetz - Einleitung: Der Herr mahnt im Ölgarten seine Jünger: Wachet und betet, damit ihr nicht in Versuchung fallt. Wir beten für unsere Glaubensgeschwister in der Diaspora, die den regelmäßigen Gottesdienst und die Belehrung entbehren müssen, dass sie wachsam der Versuchung zur Lauheit widerstehen.

2. Gesetz - Einleitung: Christus an der Geißelsäule angebunden und erträgt bereitwillig die Leiden, die man ihm zufügt. Wir betten um Kraft für unsere Glaubensgeschwister, dass sie die Mühsale und Leiden bereitwillig auf sich nehmen, di die Erfüllung der Gottesgebote von ihnen verlangen.

3. Gesetz - Einleitung: Jesus wird mit der Dornenkrone gekrönt und verspottet. Mögen die Gläubigen in der Diaspora aus der Betrachtung dieses königlichen Leidens stets neuen Mut schöpfen, um nicht dem Ansturm des Unglaubens zu erliegen.

4. Gesetz - Einleitung: Der Herr träg sein Kreuz den steilen Weg nach Golgotha hinauf. Wir bitten für die Priester und Helfer in der Diaspora um die Kraft, alle Schwierigkeiten zu überwinden und opferfreudig ihr Kreuz zutragen.

5. Gesetz - Einleitung: Christus stirbt als Sühneopfer für die Sünden aller den Kreuzestod. Wir beten, dass niemand in der Diaspora ohne den Trost und die Kraft der heiligen Sakramente aus dem Leben scheide.

9. Rosenkranzandacht. Für die Priester mit den freudenreichen Geheimnissen

Einleitung: Der hl. Johannes Leonardi wurde erst in späteren Lebensjahren zum Priestertum berufen. Wir beten für die Priester und all, denen Gott seinen Ruf zum Priestertum schenkt.

1. Gesetz - Einleitung: „Siehe, ich bin die Magd des Herrn, mir geschehe nach deinem Wort." So antwortet Maria dem Engel. Wir bitten dass alle, die Gott für seinen Dienst erwählt hat, dieser Berufung mit freudiger Bereitschaft und großem vertrauen folgen.

2. Gesetz - Einleitung: Maria trägt den Heiland unter ihrem Herzen, sie bringt seine Segen zu den Menschen. Wie Maria ist der Priesterbestellt, Gottes Wort den Menschen zu künden, Gottes Gnaden aus zu spenden. Wir beten, dass die Priester ihre Aufgaben recht erfüllen zum Segen aller Menschen.

3. Gesetz - Einleitung: Maria schenkt dem Heiland das leben. Er muss auch lebendig und sichtbar werden im Leben jedes Priester; jeder Geweihte soll ein zweiter Christus werden. Wir beten um die Heiligung der Priester.

4. Gesetz - Einleitung: Wie im Leben Mariens, so steht auch im Leben des Priesters das Opfer. Er soll ganz und ungeteilt dem Herrn und um des Herr willen den Menschen gehören. Wir flehen um die Gabe solcher Opferbereitschaft für die Priester.

5. Gesetz - Einleitung: Maria hat Jesus wiedergefunden im Tempel. Wir bitten die himmlische Mutter aller Priester für die armen verirrten Priester, die ihrem Ruf untreu wurden, dass auch sie heimfinden zum Hause ihres Vaters.

10. Rosenkranzandacht

Für die Kirche in Südamerika

mit den glorreichen Geheimnissen

1. Gesetz - Einleitung: Herr, du hast deine Lebenskraft über den Tod durch deine Auferstehung erwiesen. Wir bitten dich, gib deiner Kirche in Südamerika von deiner göttliche Gnadenkraft des Lebens, auf das der Glaube an deine Erlösung tief in den Seelenverwurzelt werde.

2. Gesetz - Einleitung: Herr, vor deiner Himmelfahrt hast du die Apostel als Boten deiner frohen Botschaft in alle Welt ausgesandt. Sende ,wir bitten dich, auch heute wieder Arbeiter in diesen Weinberg deiner Kirche, in dem die Erntereif ist, der Arbeiter aber allzu wenige sind.

3. Gesetz - Einleitung: Herr, du hast vom Himmel her den Heiligen Geist gesandt, dass er deine Kirche belebe und lehre. Sende heute deinen Geist den Bischöfen und Priestern Südamerikas, damit sie dein Reich aufbauen.

4. Gesetz - Einleitung: Herr du hast deine heilige Mutter in den Himmel erhoben, damit sie die Mutter aller Menschen sei. Auf ihre Fürbitte erwecke Glauben, Hoffnung und Liebe in diesem Teil deiner Kirche.

5. Gesetz - Einleitung: Herr, du hast Maria gekrönt zur Königin des Himmels und der Erde. Auf ihre Fürbitte festige dein Reich in Südamerika, damit es dem Ansturm gottfeindlichen Mächte widerstehen kann.

11. Rosenkranzandacht

Für die Familien

mit den freudenreichen Geheimnissen

1. Gesetz - Einleitung: Wir betrachten die Verkündigung, hören die Brautwerbung Gottes und das Jawort der Auserwählten, bewundern ihre jungfräuliche Mutterschaft. Möchte aus dieser Stunde Gnade strömen für die christliche Ehe, für Jungfräulichkeit und Mütterlichkeit, für Verlöbnis und Brautschaft.

2. Gesetz - Einleitung: Wir betrachte die Heimsuchung: die Familie des Vorläufers Johannes wird durch die Gegenwart Jesu und Mariens geheiligt und beglückt. Möchten doch unsere Familien Jesus und Maria in ihrer Mitte haben als Quell des Friedens und Glückes!

3. Gesetz - Einleitung: Wir betrachten die Geburt: in der Mitte einer armen Familie will der Gott-König das

Werk der neuen Schöpfung beginnen. Möchten doch unsere Familien bedenken, dass in ihrer die Zukunft des Gottesreiches liegt, und darum trotzaller Nöte fest zusammenhalten.

4. Gesetz - Einleitung: Wir betrachten die Aufopferung: der Herr opfert sich auf Mariens Armen, und das Herz der Mutter wird vom Schmerz durchbohrt. Möchten doch unsere Familienlernen, dass Friede und Freude nur gedeihen, wo ein jeder sich für den anderen opfert, sich selber vergisst.

5. Gesetz - Einleitung: Wir betrachten die Heilige Familie: der Herr, der eben im Tempel seine Weisheit offenbarte, zieht mit ihnen hinab und ist untertan. Möchten sich doch unsere Familien der Weisheit Gottes erschließen und in Christi Demut einander dienen.

12. Rosenkranzandacht

um Frieden und liebe durch die heilige Eucharistie Mit den Glorreichen Geheimnissen.

1. Gesetz - Einleitung: Der von den Toten auferstanden ist, hat uns das Sakrament des Altares als Unterpfand unserer Auferstehung gegeben. Wir bitten ihn, dass durch dieses Sakrament der Friede und die Liebe unter den Menschen erweckt werden.

2. Gesetz - Einleitung: Der in den Himmel aufgefahren ist, bleibt bei seinen Jünger bis ans das Ende der Welt, bleibt auch bei uns in der heiligen Eucharistie. Wir bitten ihn er möge uns seine Gegenwart und seinen Trost im Sakramente alle Zeit erhalten.

3. Gesetz - Einleitung: Der uns den Heiligen Geist gesandt hat, fährt im Altarssakramente fort, den Geist der Liebe auszusenden. Wir bitten ihn um die Gnade,

als seine Jünger und Teilnehmer seines Gastmales daran erkannt zu werden, dass wir einander lieben.

4. Gesetz - Einleitung: Der die Jungfrau in den Himmel aufgenommen hat, hat zur Teilnahme am Gastmahl der ewigen Glorie berufen alle, die am Hochzeitsmahle des heiligsten Sakramentes teilnehmen. Wir bitten, dass wir alle eines Sinnes untereinander seien, die wir an dem einen Mahle teilnehmen und zu dem gleichen Himmelsmahle berufen sind.

5. Gesetz - Einleitung: Der die Jungfrau im Himmel gekrönt hat, krönt unser Leben auf Erden mit der Liebe, die er uns im Sakramente schenkt. Wir bitten, dass er unser Herz nach seinem Herzen forme.

13. R. Andacht

Für alle Regierenden

mit dem schmerzhaften G

1. Gesetz – Einleitung: Die Lenker des römischen Reiches und des jüdischen Volkes lassen im Ölgarten den Herrn gefangen nehmen. Mögen sie nun, so unser Gebet, Christus als Lehrer des Friedens in ihre Gerichte und Beratungen führen!

2. Gesetz – Einleitung: Die Machthaber der Weltlassen den Herrn geißeln. Mögen sie nun, so unser Flehen, durch Christi Blut und Qual vor der Geißel des Krieges bewahrt werden!

3. Gesetz – Einleitung: Die Söldner des Weltreiches krönen den Herrn und huldigen ihm zum Spott. Möge nun, so ist unser Rufen, die Reiche und die Mächtigen Christus als wahren König anbetend anerkennen und seinen Frieden finden!

4. Gesetz – Einleitung: Die weltliche Gewaltzerrt den Herrn mit seinem schweren Kreuzdurch die Straßen. Möge sie nun, so ist unsere innige Bitte, das Kreuz Christian allen Straßen des Lebens zur Geltung bringen, damit aus ihm der Friede quelle!

5. Gesetz – Einleitung: Die Inschrift des Pilatus nennt den Gekreuzigten „König der Juden". Möge, so ist unser Anliegen, jedes einzelne Volk den gekreuzigten zum König erwählen, so dass unter seiner Herrschaft alle Völker eins werden.

14. R-Andacht

um Wiedervereinigung im Glauben **FG**

1. Gesetz – Einleitung: Wir erleben die Sunde der Menschwerdung. Christus wird unser Bruder, damit wir eins werden in Gott und untereinander. Bitte mit uns, o Mutter Maria, dass alle durch die Irrlehre getrennten Brüder wieder eins werden mit der Kirche.

2. Gesetz – Einleitung: Wir erleben die Stunde der Heimsuchung. Maria trägt Christus: der Vorläufer wird geheiligt. Bitte für uns, o Mutter, und trage den zu denen, die getrennt sind, dass sie geheiligt werden durch die Gnade des wahren Glaubens.

3. Gesetz – Einleitung: Wir erleben die heilige Weihnacht. Der Herr kommt in sein Eigentum, aber die Seinen nehmen ihn nicht auf. Bitte für uns, Maria,

dass der Herr wiederanklopfe bei den getrennten Brüdern, bitte dass sie ihm auftun, so dass wieder ein Hirt und eine Herde sei.

4. Gesetz – Einleitung: Wir erleben die Aufopferung im Tempel. Der Herr wird begrüßt als das Licht der Welt. Bitte, o Jungfrau, um das Licht deswahren Glaubens für die Getrennten, dass sie mit uns eins werden beim Opfer Christi.

5. Gesetz – Einleitung: Wir erleben das Suchen und Wiederfinden des Herrn. Die suchenden Eltern finden ihn lehrend im Tempel. Bitte, o Königin, für die Getrennten, dass sie Christus von ganzem Herzen suchen und ihn finden in der einen Kirche.

15. R-Andacht

um Kreuzesliebe SG

1. Gesetz – Einleitung: Der Herr ist allein im Garten von Gethsemane, selbst seine treuesten Jünger schlafen. Vor ihm liegt der Kreuzweg. „Herr, nicht mein geschehe, sondern der deine." Auch wir fühlen uns manchmal verlassen und unverstanden, gerade wenn die Not am größten ist. Auch dann wollen wir sprechen: Dein Wille Geschehe!

2. Gesetz – Einleitung: Christus wird gegeißelt für die Sündender ganzen Welt, ohne klagen. Wirempfeindlich sind wir oft, wenn wir glauben, dass uns Unrecht geschieht! Denken wir daran, dass alle Nachfolge Christi in dem Wort gipfelt: „Nehmet euer Kreuz auf euch und folgt mir nach!"

3. Gesetz – Einleitung: „Mein Reich ist nicht von dieser Welt. Ja, ich bin ein König!" Durch Dornen-

krone und Purpurmantel verspotten die Soldaten seine Königswürde. Das soll uns Trost sein, wenn wir um des Glaubens willen verspottet werden, wenn man unsere guten Absichten verkennt.

4. Gesetz – Einleitung: Nur noch wenige Menschen bekennen sich zum Herrn, als er sein Kreuz durch die Straßen von Jerusalem schleppt. Gott hat jedem von uns sein Kreuz zugedacht, das wir auf dem Lebensweg zu tragen haben. Wir bitten Gott um die Kraft, anderen zu helfen, und danken ihm für Menschen, die uns in schwerer Stunde geholfen haben.

5. Gesetz – Einleitung: Christus ist gehorsam bis zum Tode am Kreuze. Sein Gehorsam macht den Ungehorsam Adams wieder gut und bringt uns die Erlösung. Der Herr zeigt uns, warum er von uns Gehorsam auch im Leiden verlangt: nur so kann es zum Segen werden für uns und andere.

16 R- Andacht

für Volk und Vaterland - GS

1. Gesetz – Einleitung: Wir sehen die angstvollen Apostel im verriegelten Saale. Durch die verschlossenen Türen tritt der auferstandene mit Gruß: „Friede sei mit euch!“ O Herr, komm und sprich so auch zu unserem bedrückten und verzagten Volk.

2. Gesetz – Einleitung: Wir hören die Abschiedsrede des scheidenden Herr: „Den Frieden gebe ich euch, meinen Frieden hinterlasse ich euch!“ O Herr, der du im Himmel als König des Friedens thronest, gib Frieden und Einheit unserem Volke!

3. Gesetz – Einleitung: Der Geist, der auf die Jünger herabkommt, ist der Geist der Liebe und des Friedens. Heiliger Geist, entflamme die Herzen in unserem Volke mit deiner Liebe, damit Friede werde.

4. Gesetz – Einleitung Wir erleben, wie Maria in tifen Frieden scheidet von dieser Welt. O Gott, gib allen im Volke, mit dir eines Herzens und Sinnes zu sein, damit daraus das Himmelglück für alle werde.

5. Gesetz: Wir sehen, wie Maria die Krone der Herrlichkeit empfängt. O Königin des Friedens, herrsche über unser Volk und erlange ihm von Gott Frieden und Einheit.

17. R-Andacht

zu Ehren des heiligsten Herzens Jesu

SG

1. Gesetz: Der Herr erfährt am Ölberg die Finsternis und Verlassenheit. Wir hören ihn sprechen: „Wo Zweifel herrscht, will ich Glauben geben. Wo Verzweiflung herrscht, will ich Hoffnung geben, Wo Finsternis ist will ich Licht geben."

2. Gesetz: Die Blindheit und Unentschlossenheit des Pilatus übergibt einen Schuldlosen der Roheit der Soldaten. Wir aber hörenden gegeißelten sprechen: „Wo Irrtum herrscht, will ich Wahrheit bringen. Wo Streit herrscht, will ich Versöhnung schenken."

FSC
www.fsc.org
MIX
Papier | Fördert gute Waldnutzung
FSC® C083411

Zeitfracht Medien GmbH
Ferdinand-Jühlke-Straße 7
99095 Erfurt, Deutschland
produktsicherheit@kolibri360.de

Druck:
CPI Druckdienstleistungen GmbH
im Auftrag der
Zeitfracht Medien GmbH
Ein Unternehmen der Zeitfracht - Gruppe
Ferdinand-Jühlke-Str. 7
99095 Erfurt